아마존 열대 우림은 일 년 내내 더운 곳이에요. 이 무더위 속에서 모든 것들이 자라고, 더 자라고, 더욱더 자라나요. 나무 꼭대기들이 모여 있는 아마존 열대 우림의 천장은 '캐노피'라고 불러요. 하늘에 닿을 듯 높게 펼쳐져 있는 캐노피는 햇볕이 환히 내리쬐는 곳이지요. 캐노피에는 빛을 좋아하는 동물과 식물들이 살고 있어요. 알록달록한 앵무새들이 이 나무에서 저 나무로 날아다니고, 원숭이들은 이 가지에서 저 가지로 눈 깜짝할 새에 옮겨 가지요.

아마존 열대 우림의 아랫부분 이름은 '언더스토리'예요. 이곳에 사는 동물들은 깜깜한 어둠을 무척 좋아해요. 뱀들은 아무런 소리도 내지 않고 주렁주렁 매달린 덩굴을 휘감지요. 우아한 몸놀림의 재규어는 먹잇감을 눈여겨보고 또 기다려요.

더위가 푹푹 찌는 아마존 열대 우림에서 커다란 판야나무 한 그루가 하루하루 쑥쑥 자라 캐노피 맨 위에까지 다다랐어요.

지금 시작하는 이야기는 열대 우림 속 커다란 판야나무 한 그루에 옹기종기 모여 사는 동물들의 이야기랍니다.

아마존
열대 우림의 속삭임

커다란 판야나무 이야기

린 체리 글·그림 | 마술연필 옮김

보물창고

린 체리 1952년 미국 필라델피아에서 태어나 예일대학교에서 역사학 석사 학위를 받았다. 지구 온난화, 강과 바다, 열대 우림과 온대 강우림 등 환경에 관한 책을 수십 권 출간하며 자연환경에 관한 책을 주로 쓰는 작가이자 일러스트레이터로 활발하게 활동해 왔다. 1990년 처음 출간된 『아마존 열대 우림의 속삭임』은 환경의 소중함과 자연을 존중하는 자세를 어린이들에게 스스로 깨닫게 하며 오늘날 가장 사랑받는 환경 그림책의 고전으로 자리매김하였다. 대표작으로 『과학자와 어린이가 함께 파헤치는 지구 온난화』, 『애벌레에서 나비까지』, 『아마존 열대 우림의 속삭임』 등이 있다.

마술연필 어린이와 청소년을 위해 유익하고 감동적인 글을 쓰고 책을 펴내는 아동청소년문학 기획팀이다. 호기심과 상상력이 풍부한 아동청소년문학 작가·번역가·편집자가 한데 모여, 지혜와 지식이 가득한 보물창고를 만들기 위해 애쓰고 있다. 지은 책으로 『루이 브라이, 손끝으로 세상을 읽다』, 『우리 조상들은 얼마나 책을 좋아했을까?』, 『어린이와 청소년을 위한 독도 백과사전』, 엮은 책으로 『자연에서 만난 시와 백과사전』, 『1학년 이솝우화』, 『1학년 전래동화』, 옮긴 책으로 『재미있는 내 얼굴』, 『화가 날 땐 어떡하지?』, 『모든 사람이 제멋대로 한다면』 등이 있다.

●●●

〈지구를 살리는 그림책〉 함께 읽어 보세요!
❶ 지구를 살리는 위대한 지렁이 ❷ 아마존 열대 우림의 속삭임 ❸ 지구 생태계의 왕 딱정벌레
❹ 플라스틱 병의 모험 ❺ 빙빙빙 지구 소용돌이의 비밀 ❻ 지구의 파란 심장 바다
❼ 멸종하게 내버려 두면 안 돼 ❽ 알루미늄 캔의 모험 ❾ 그레타 툰베리, 세상을 바꾸다
❿ 지구 지킴이 레이첼 카슨 ⓫ 모두모두 함께라서 좋아 ⓬ 넌 할 수 있을 거야
⓭ 플라스틱 빨대가 문제야 ⓮ 북극곰 살아남다 ⓯ 지구 최고의 수영 선수 바다거북
⓰ 궁금해 거북이 궁금해 ⓱ 우리들의 작은 땅

지구를 살리는 그림책 2
아마존 열대 우림의 속삭임 —커다란 판야나무 이야기

펴낸날 초판 1쇄 2016년 6월 20일 | 초판 5쇄 2025년 1월 20일
글·그림 린 체리 | **옮긴이** 마술연필 | **펴낸이** 신형건 | **펴낸곳** (주)푸른책들·**임프린트** 보물창고 | **등록** 제321-2008-00155호
주소 서울특별시 서초구 양재천로7길 16 푸르니빌딩 (우)06754 | **전화** 02-581-0334~5 | **팩스** 02-582-0648
이메일 prooni@prooni.com | **홈페이지** www.prooni.com | **인스타그램** @proonibook | **블로그** blog.naver.com/proonibook
ISBN 978-89-6170-546-2 77400

THE GREAT KAPOK TREE: A Tale of the Amazon Rain Forest by Lynne Cherry
Copyright © 1990 by Lynne Cherry
All rights reserved.
This Korean edition was published by Prooni Books, Inc. in 2016 by special arrangement with Houghton Mifflin Harcourt Publishing Company through KCC(Korea Copyright Center Inc.), Seoul.
이 책은 (주)한국저작권센터(KCC)를 통한 저작권자와의 독점계약으로 (주)푸른책들에서 출간되었습니다.
저작권법에 의해 한국 내에서 보호를 받는 저작물이므로 무단전재와 복제를 금합니다.

*잘못된 책은 구입한 곳에서 바꾸어 드립니다.
*이 책 내용의 일부 또는 전부를 재사용하려면 반드시 저작권자와 (주)푸른책들 양측의 서면 동의를 얻어야 합니다.
*보물창고는 (주)푸른책들의 유아, 어린이, 청소년 도서 전문 임프린트입니다.

(주)푸른책들은 도서 판매 수익금의 일부를 초록우산 어린이재단에 기부하여 어린이들을 위한 사랑 나눔에 동참합니다.

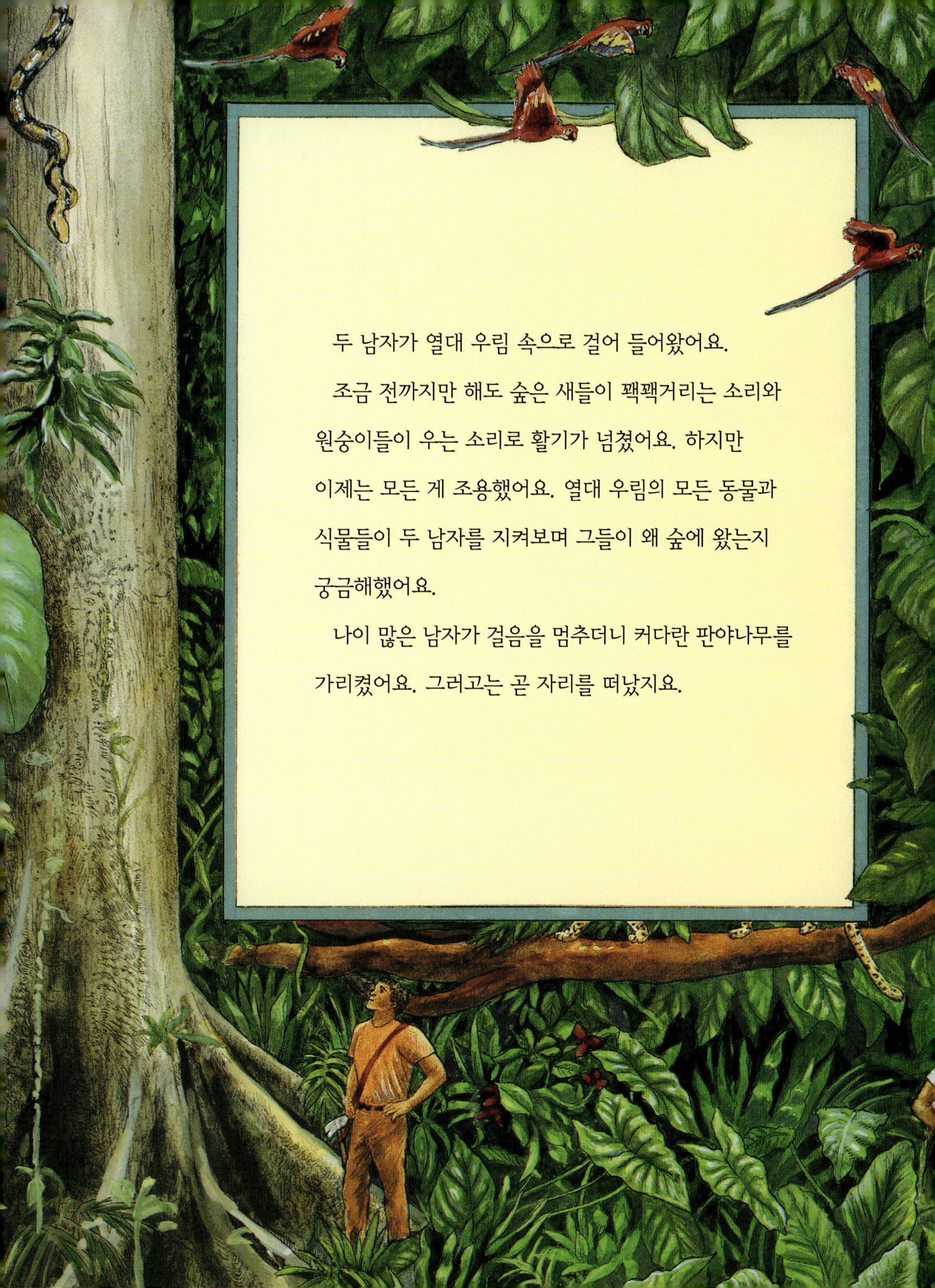

두 남자가 열대 우림 속으로 걸어 들어왔어요.

조금 전까지만 해도 숲은 새들이 꽥꽥거리는 소리와 원숭이들이 우는 소리로 활기가 넘쳤어요. 하지만 이제는 모든 게 조용했어요. 열대 우림의 모든 동물과 식물들이 두 남자를 지켜보며 그들이 왜 숲에 왔는지 궁금해했어요.

나이 많은 남자가 걸음을 멈추더니 커다란 판야나무를 가리켰어요. 그러고는 곧 자리를 떠났지요.

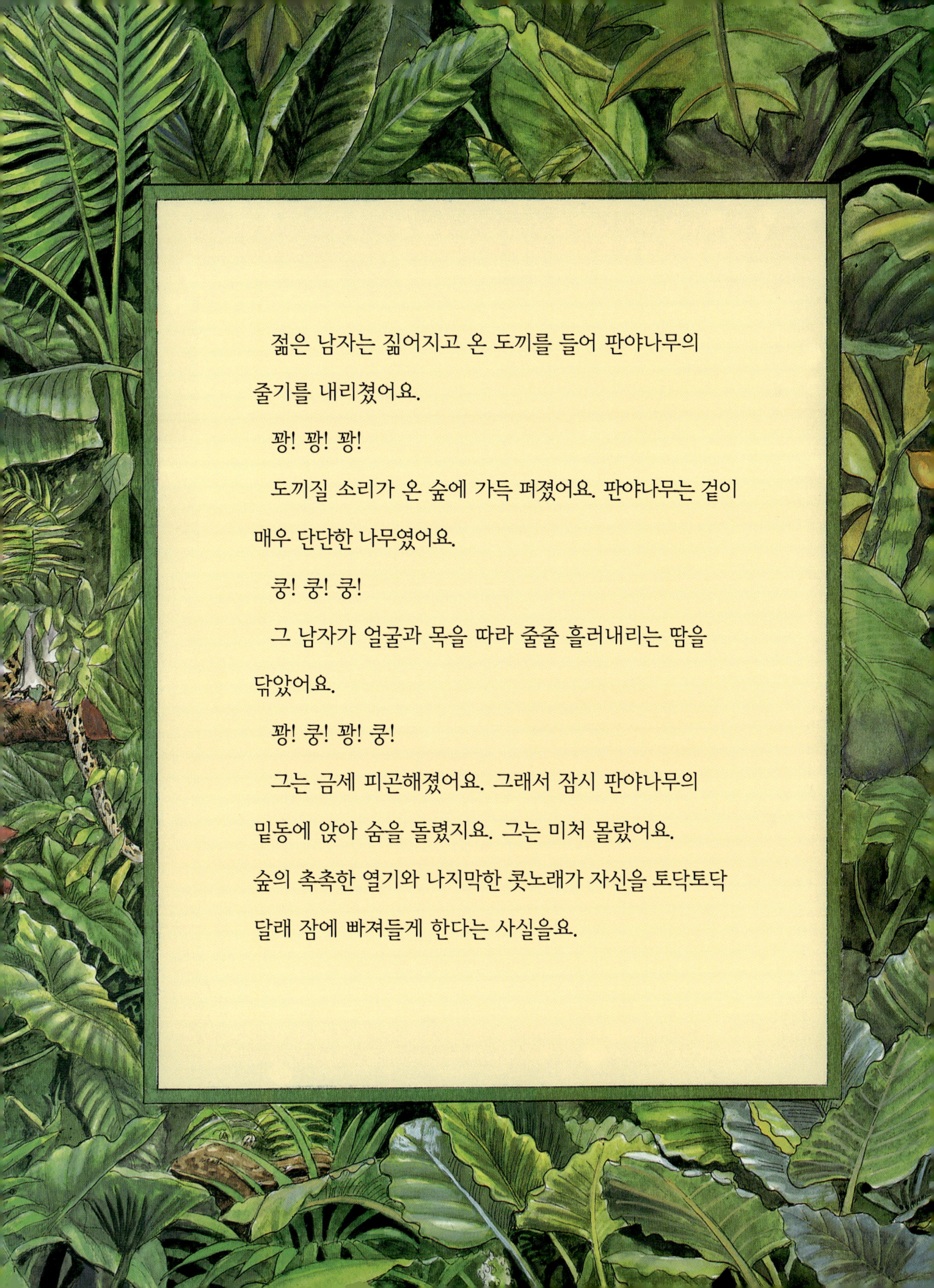

　젊은 남자는 짊어지고 온 도끼를 들어 판야나무의 줄기를 내리쳤어요.
　꽝! 꽝! 꽝!
　도끼질 소리가 온 숲에 가득 퍼졌어요. 판야나무는 겉이 매우 단단한 나무였어요.
　쿵! 쿵! 쿵!
　그 남자가 얼굴과 목을 따라 줄줄 흘러내리는 땀을 닦았어요.
　꽝! 쿵! 꽝! 쿵!
　그는 금세 피곤해졌어요. 그래서 잠시 판야나무의 밑동에 앉아 숨을 돌렸지요. 그는 미처 몰랐어요. 숲의 촉촉한 열기와 나지막한 콧노래가 자신을 토닥토닥 달래 잠에 빠져들게 한다는 사실을요.

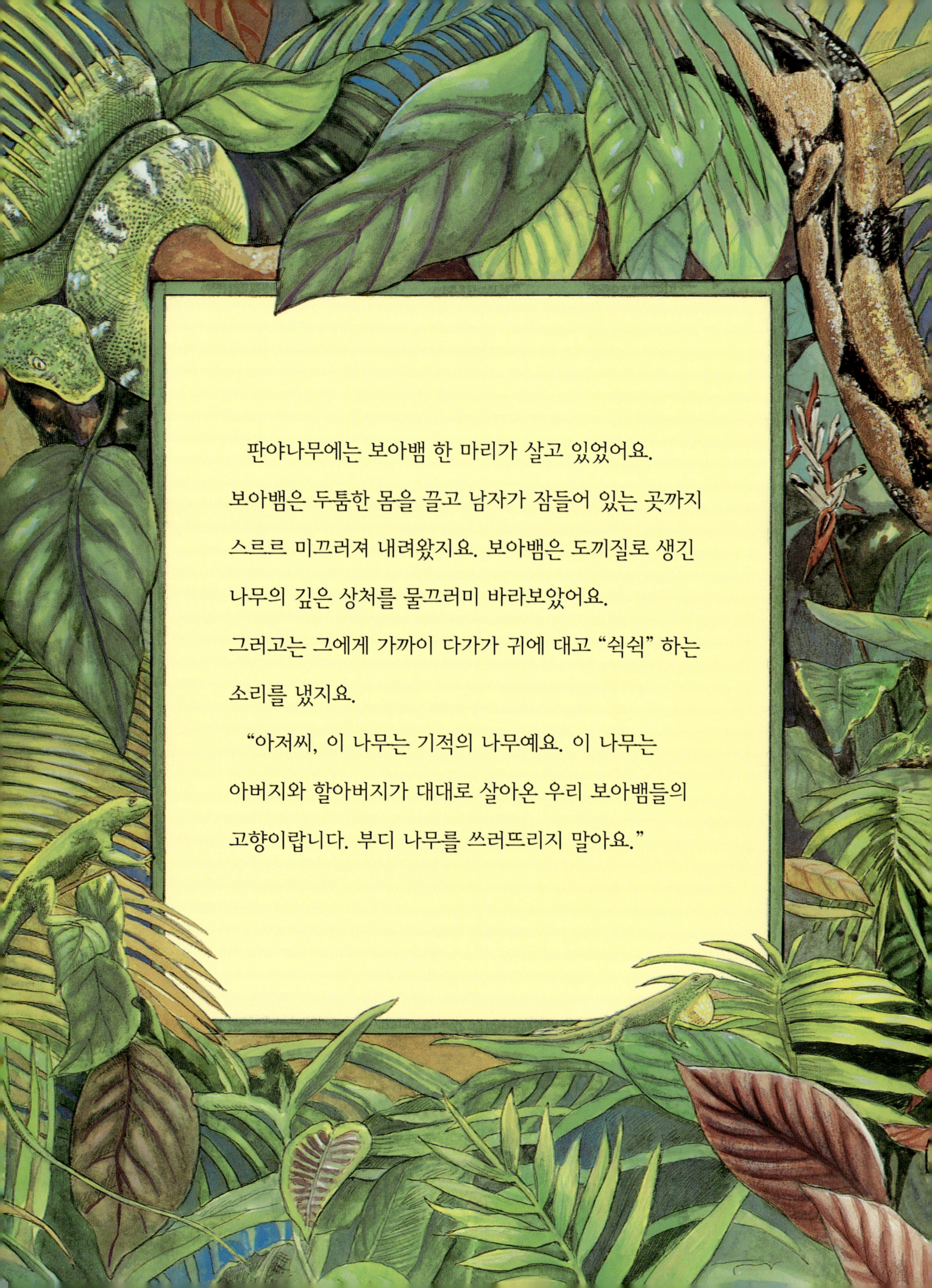

판야나무에는 보아뱀 한 마리가 살고 있었어요.
보아뱀은 두툼한 몸을 끌고 남자가 잠들어 있는 곳까지
스르르 미끄러져 내려왔지요. 보아뱀은 도끼질로 생긴
나무의 깊은 상처를 물끄러미 바라보았어요.
그러고는 그에게 가까이 다가가 귀에 대고 "쉭쉭" 하는
소리를 냈지요.

"아저씨, 이 나무는 기적의 나무예요. 이 나무는
아버지와 할아버지가 대대로 살아온 우리 보아뱀들의
고향이랍니다. 부디 나무를 쓰러뜨리지 말아요."

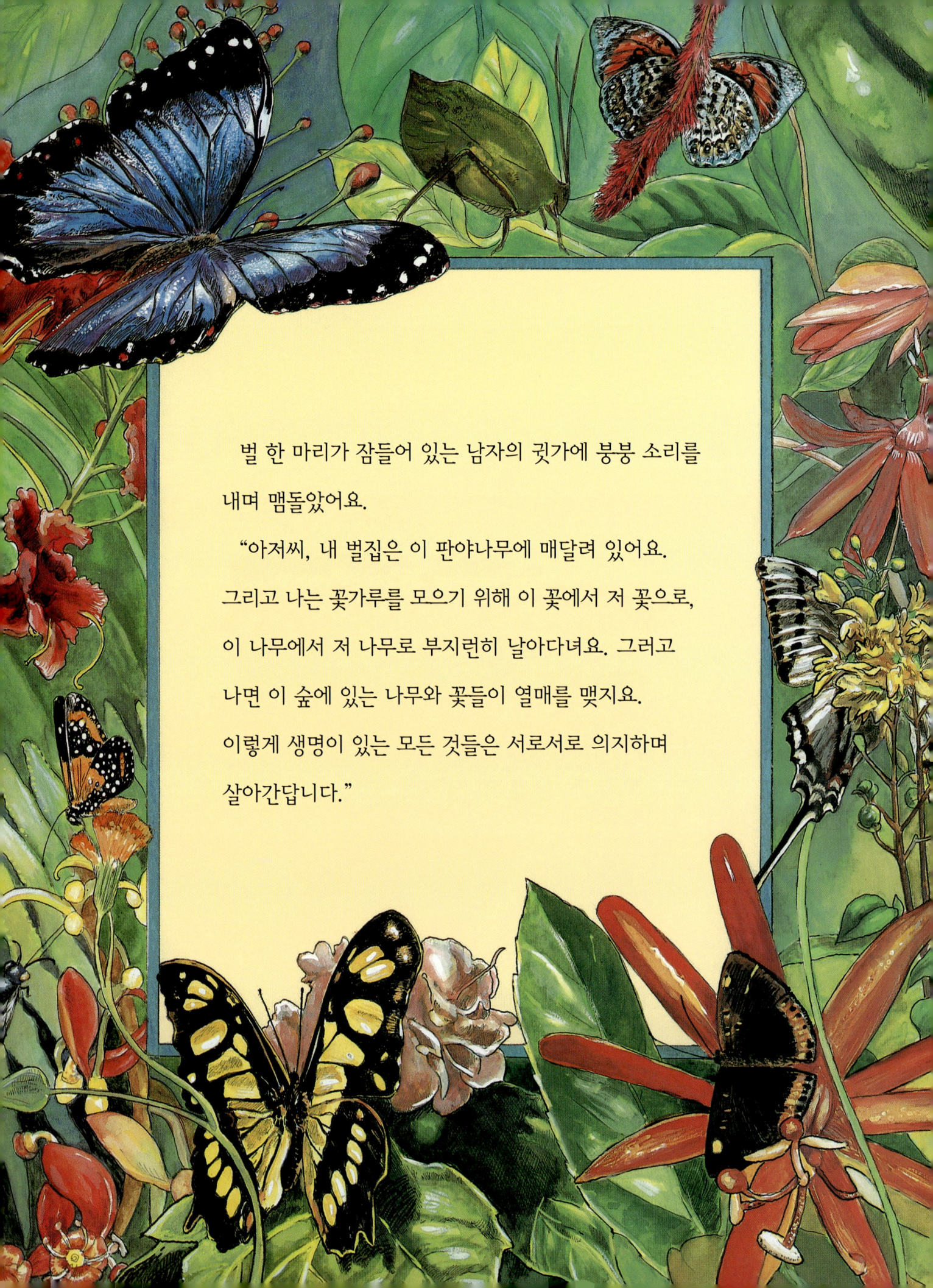

　벌 한 마리가 잠들어 있는 남자의 귓가에 붕붕 소리를 내며 맴돌았어요.

　"아저씨, 내 벌집은 이 판야나무에 매달려 있어요. 그리고 나는 꽃가루를 모으기 위해 이 꽃에서 저 꽃으로, 이 나무에서 저 나무로 부지런히 날아다녀요. 그러고 나면 이 숲에 있는 나무와 꽃들이 열매를 맺지요. 이렇게 생명이 있는 모든 것들은 서로서로 의지하며 살아간답니다."

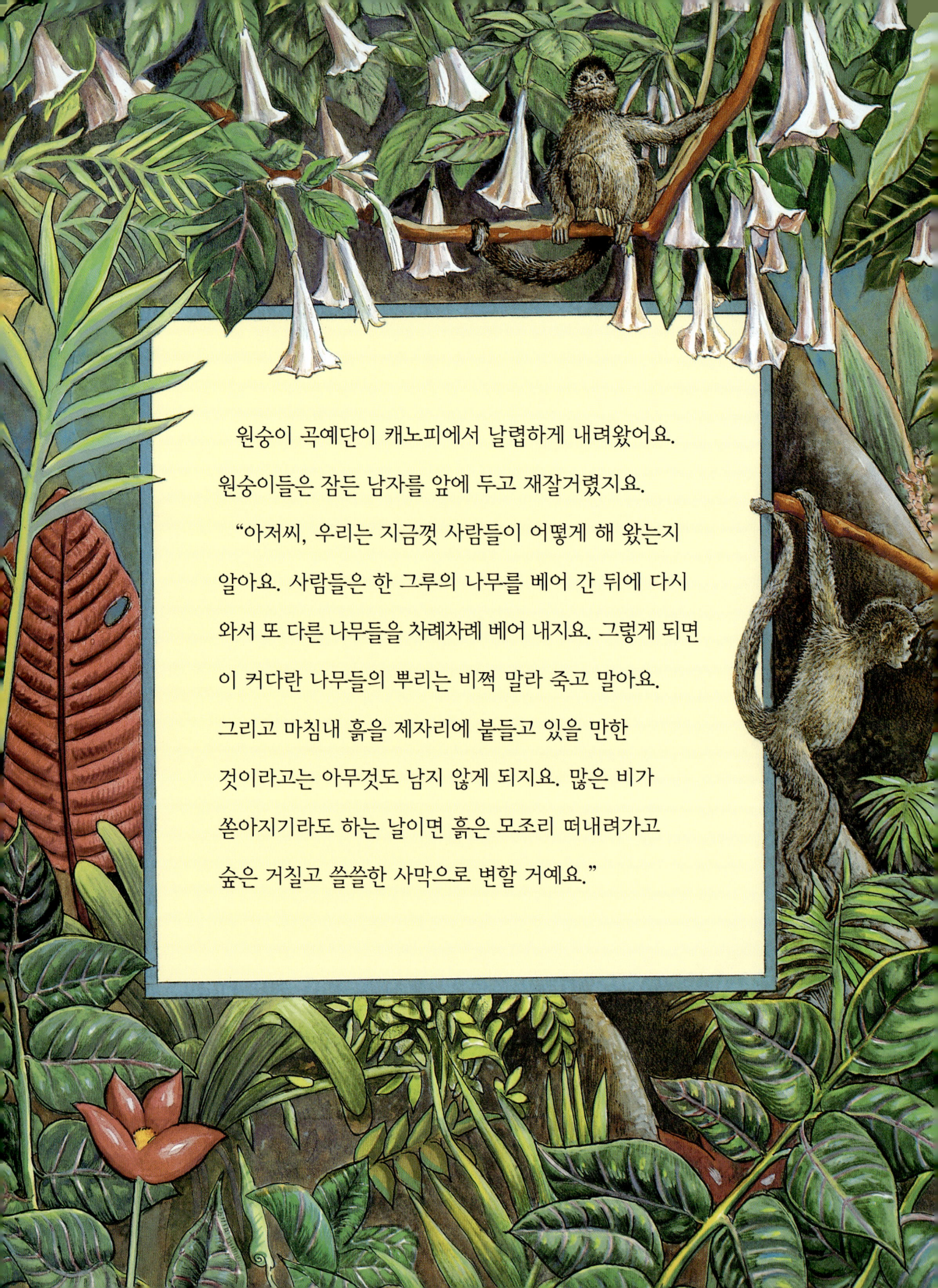

　　원숭이 곡예단이 캐노피에서 날렵하게 내려왔어요. 원숭이들은 잠든 남자를 앞에 두고 재잘거렸지요.
　　"아저씨, 우리는 지금껏 사람들이 어떻게 해 왔는지 알아요. 사람들은 한 그루의 나무를 베어 간 뒤에 다시 와서 또 다른 나무들을 차례차례 베어 내지요. 그렇게 되면 이 커다란 나무들의 뿌리는 비쩍 말라 죽고 말아요. 그리고 마침내 흙을 제자리에 붙들고 있을 만한 것이라고는 아무것도 남지 않게 되지요. 많은 비가 쏟아지기라도 하는 날이면 흙은 모조리 떠내려가고 숲은 거칠고 쓸쓸한 사막으로 변할 거예요."

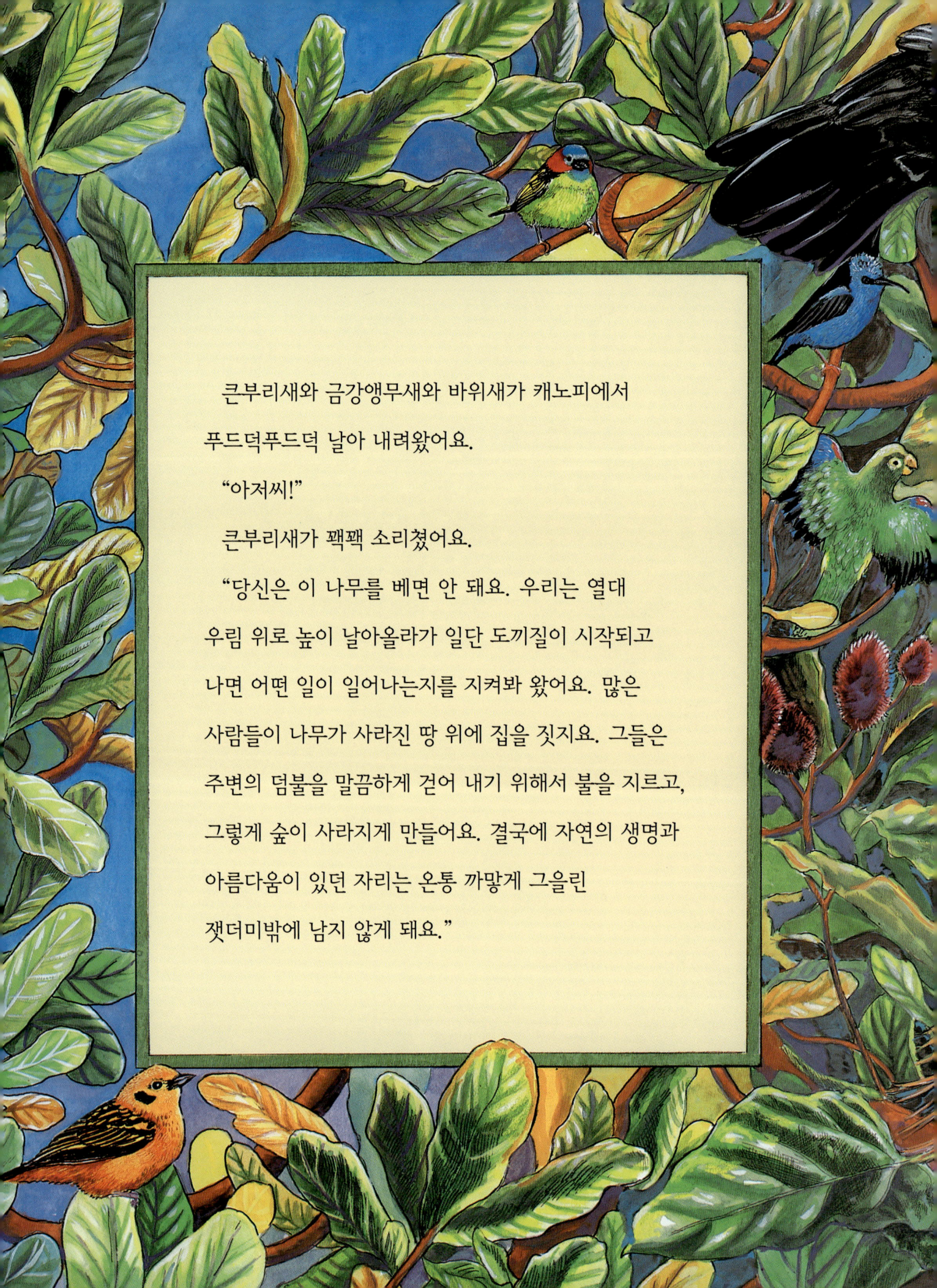

　큰부리새와 금강앵무새와 바위새가 캐노피에서 푸드덕푸드덕 날아 내려왔어요.
"아저씨!"
　큰부리새가 꽥꽥 소리쳤어요.
"당신은 이 나무를 베면 안 돼요. 우리는 열대 우림 위로 높이 날아올라가 일단 도끼질이 시작되고 나면 어떤 일이 일어나는지를 지켜봐 왔어요. 많은 사람들이 나무가 사라진 땅 위에 집을 짓지요. 그들은 주변의 덤불을 말끔하게 걷어 내기 위해서 불을 지르고, 그렇게 숲이 사라지게 만들어요. 결국에 자연의 생명과 아름다움이 있던 자리는 온통 까맣게 그을린 잿더미밖에 남지 않게 돼요."

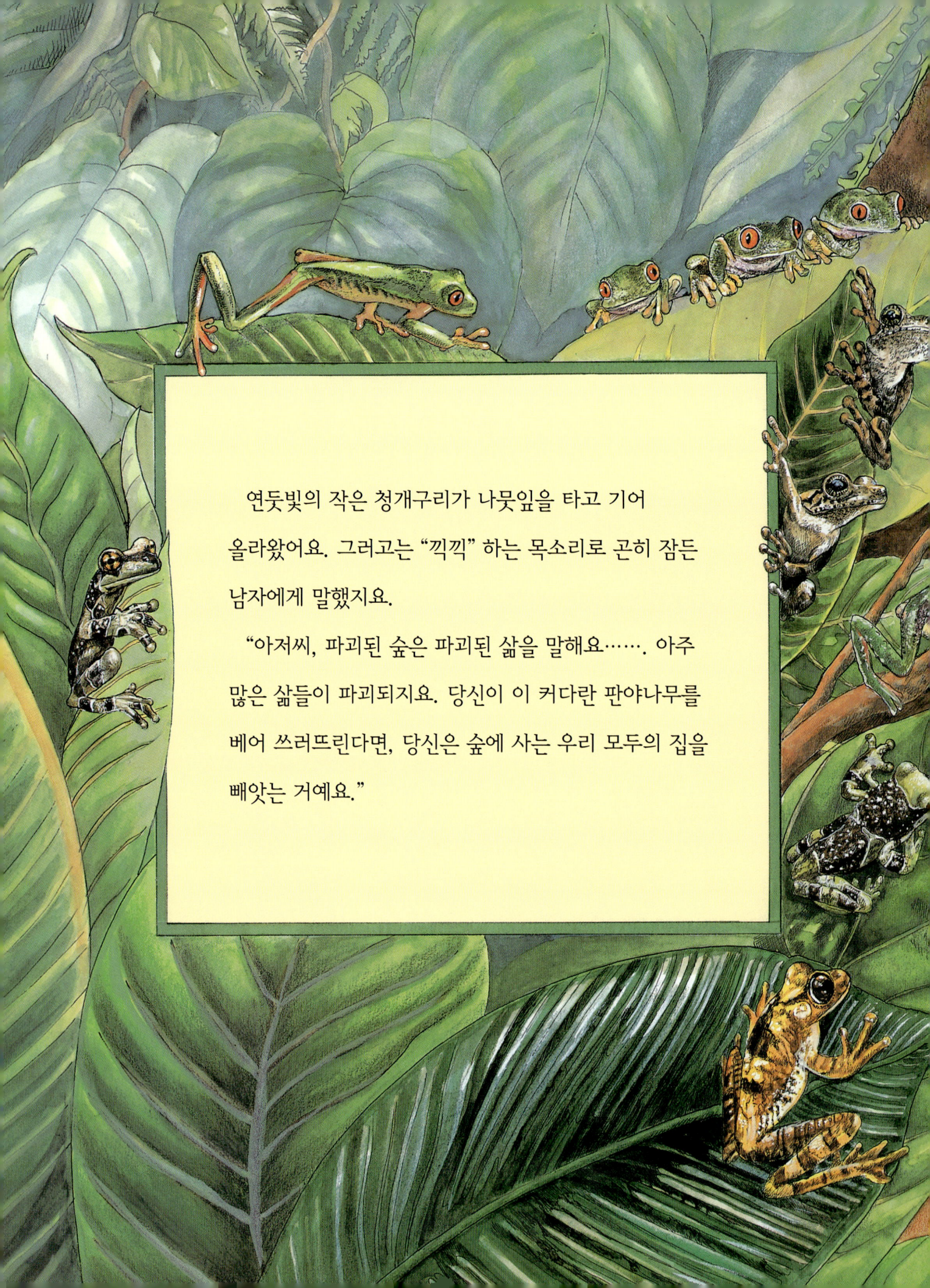

　연둣빛의 작은 청개구리가 나뭇잎을 타고 기어 올라왔어요. 그러고는 "끽끽" 하는 목소리로 곤히 잠든 남자에게 말했지요.
　"아저씨, 파괴된 숲은 파괴된 삶을 말해요……. 아주 많은 삶들이 파괴되지요. 당신이 이 커다란 판야나무를 베어 쓰러뜨린다면, 당신은 숲에 사는 우리 모두의 집을 빼앗는 거예요."

　재규어 한 마리가 판야나무의 길고 두꺼운 가지 위에서 잠을 자고 있었어요. 재규어의 점박이 가죽은 언더스토리에 아롱진 빛과 그림자 사이로 감쪽같이 섞여 들었기 때문에, 누구의 눈에도 띄지 않았어요. 재규어는 가뿐하게 나무에서 뛰어 내려와 소리 없이 땅 위를 걸어서 잠든 남자에게 다가갔지요. 잠들어 있는 그의 귀에 대고 재규어가 으르렁거렸어요.
　"이보게, 판야나무는 수많은 새와 동물들의 쉼터라네. 당신이 이 나무를 베어 쓰러뜨린다면, 나는 어디에서 내 저녁 식사를 찾을 수 있겠나?"

　네 마리의 나무호저가 이 가지 저 가지를 흔들며 내려와 남자에게 소곤소곤 말했어요.

　"아저씨, 당신은 동물과 인간이 사는 데 무엇이 필요한지 알고 있나요? 산소예요. 그리고 아저씨, 당신은 나무들이 매일매일 내뿜는 게 무엇인지 알고 있나요? 바로 산소예요! 만약 당신이 이 숲을 파괴한다면, 우리는 더 이상 건강한 삶을 살지 못해요."

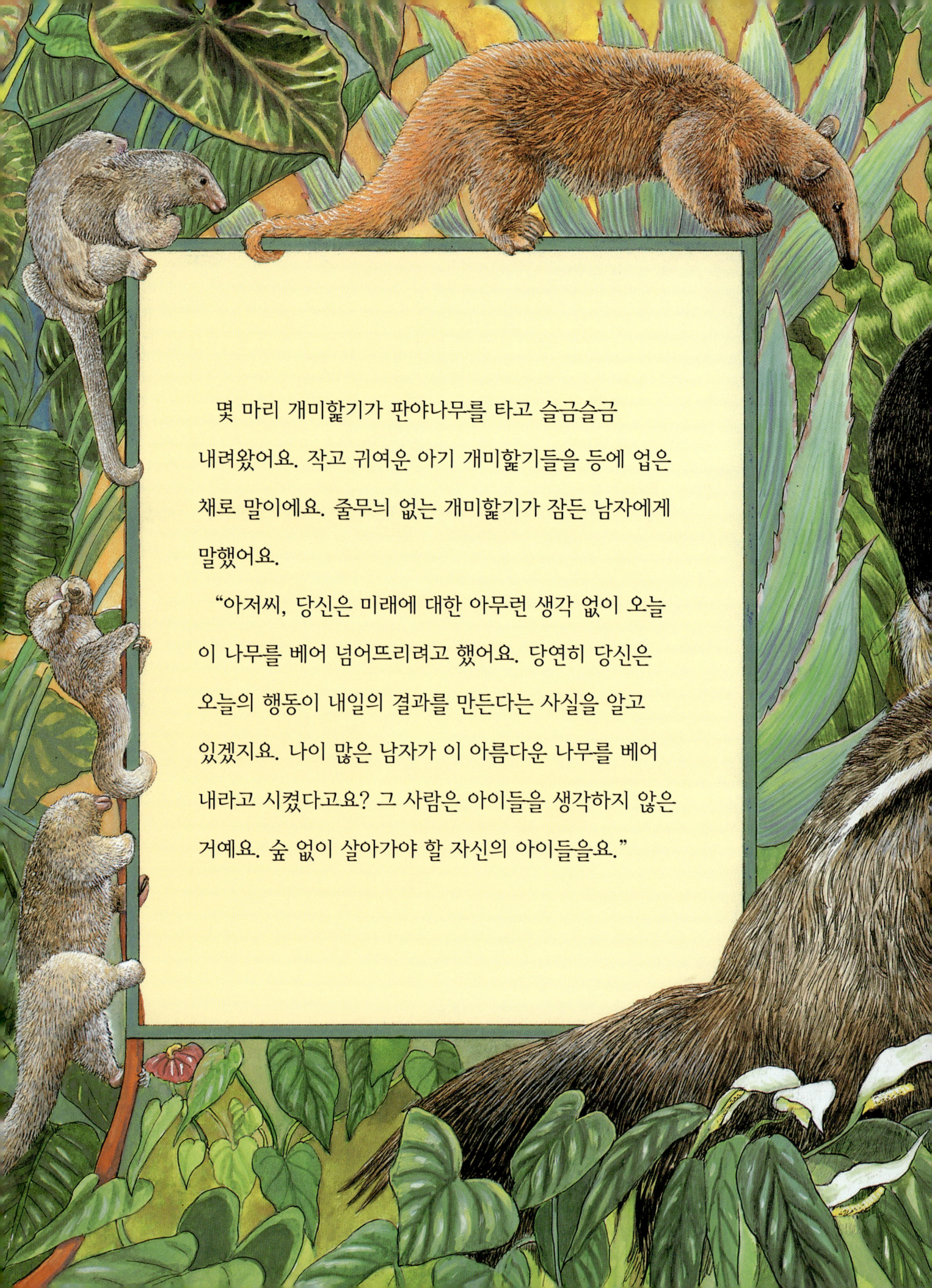

　몇 마리 개미핥기가 판야나무를 타고 슬금슬금 내려왔어요. 작고 귀여운 아기 개미핥기들을 등에 업은 채로 말이에요. 줄무늬 없는 개미핥기가 잠든 남자에게 말했어요.

　"아저씨, 당신은 미래에 대한 아무런 생각 없이 오늘 이 나무를 베어 넘어뜨리려고 했어요. 당연히 당신은 오늘의 행동이 내일의 결과를 만든다는 사실을 알고 있겠지요. 나이 많은 남자가 이 아름다운 나무를 베어 내라고 시켰다고요? 그 사람은 아이들을 생각하지 않은 거예요. 숲 없이 살아가야 할 자신의 아이들을요."

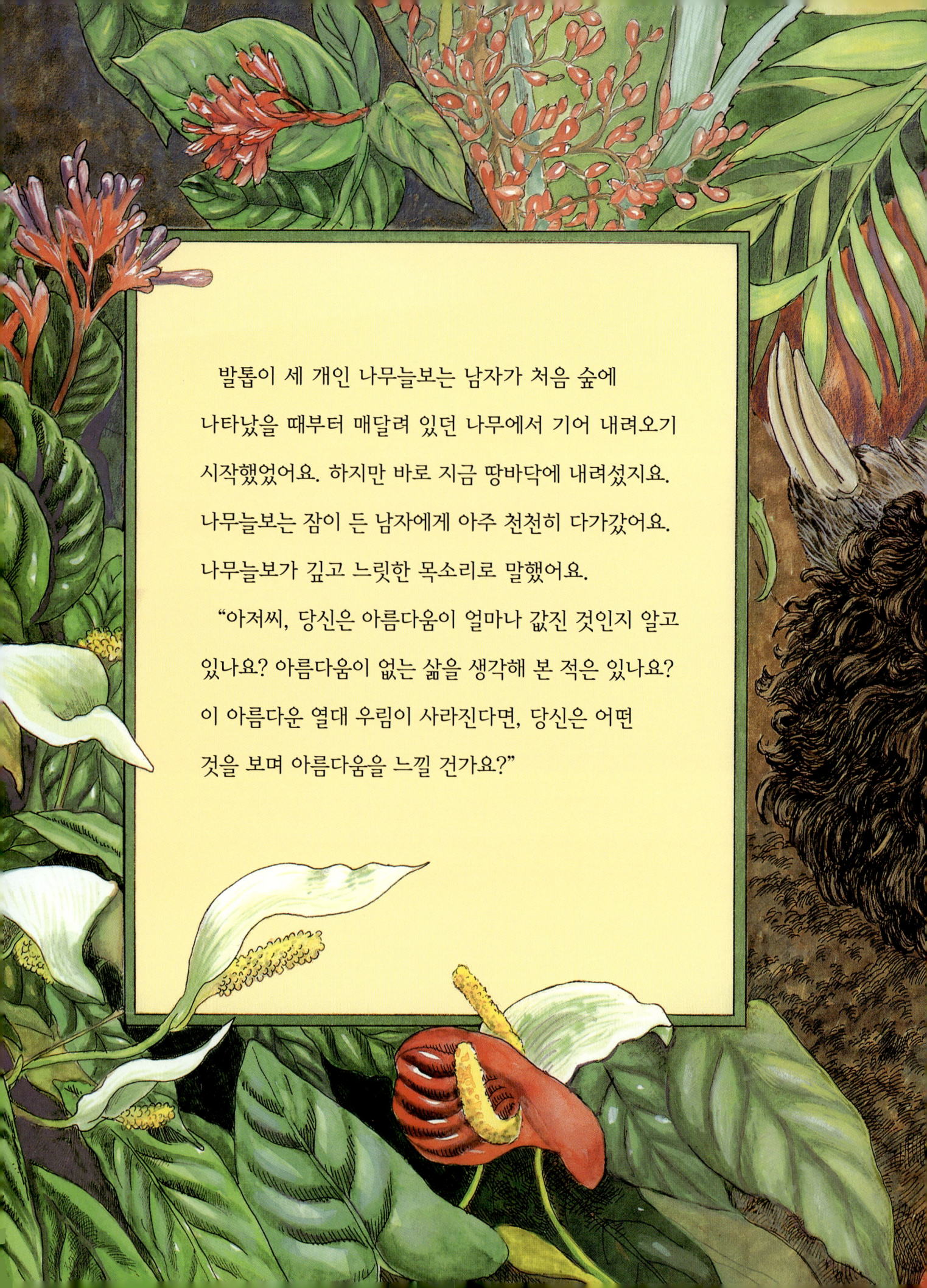

　발톱이 세 개인 나무늘보는 남자가 처음 숲에 나타났을 때부터 매달려 있던 나무에서 기어 내려오기 시작했었어요. 하지만 바로 지금 땅바닥에 내려섰지요. 나무늘보는 잠이 든 남자에게 아주 천천히 다가갔어요. 나무늘보가 깊고 느릿한 목소리로 말했어요.

　"아저씨, 당신은 아름다움이 얼마나 값진 것인지 알고 있나요? 아름다움이 없는 삶을 생각해 본 적은 있나요? 이 아름다운 열대 우림이 사라진다면, 당신은 어떤 것을 보며 아름다움을 느낄 건가요?"

열대 우림에서 살고 있는 야노마모족의 아이가 잠든 남자 옆에 무릎을 꿇었어요. 그리고 그의 귀에 대고 속삭였지요.

"아저씨, 눈을 떠 우리를 새로운 눈으로 봐 주세요."

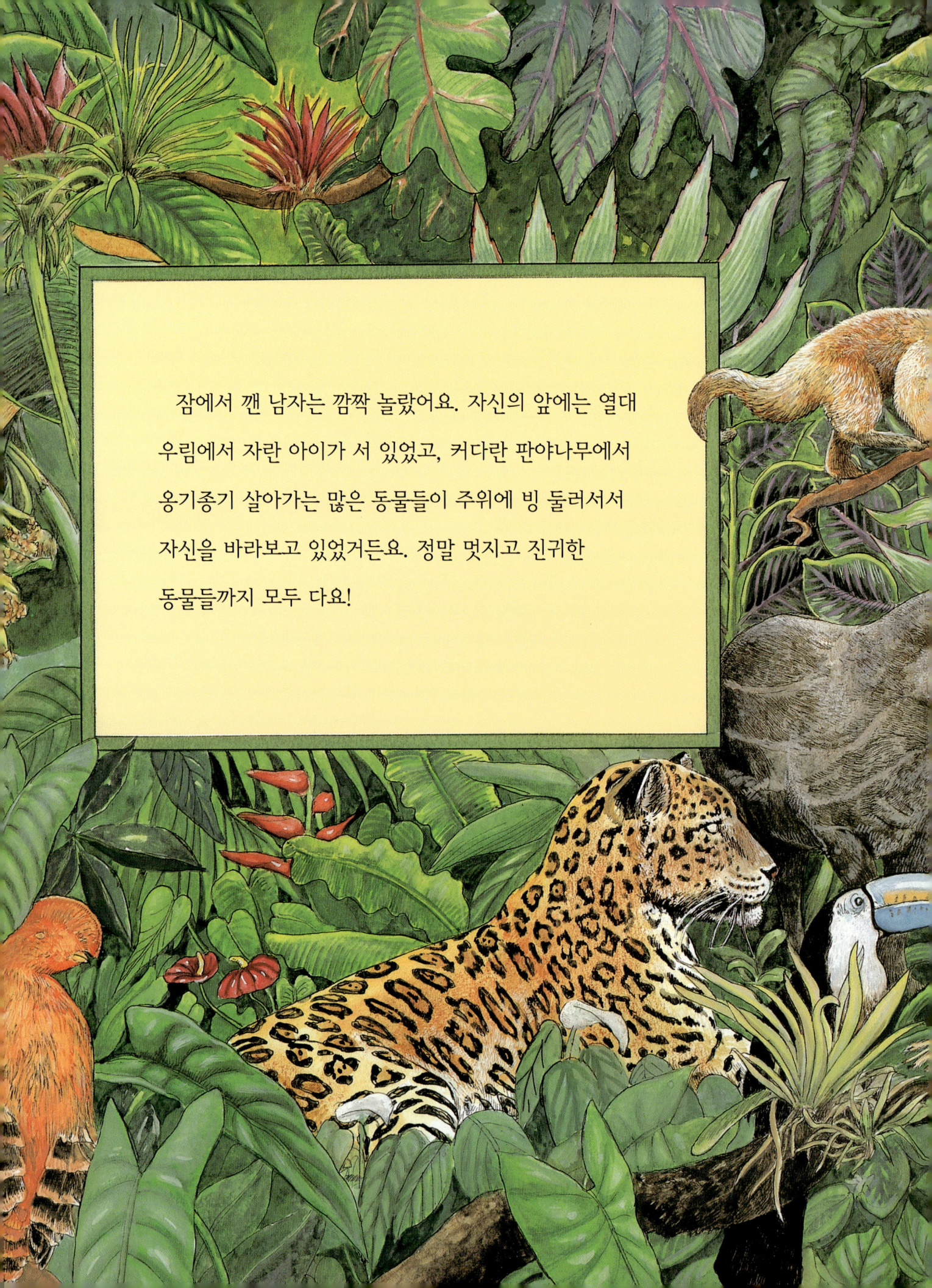

잠에서 깬 남자는 깜짝 놀랐어요. 자신의 앞에는 열대 우림에서 자란 아이가 서 있었고, 커다란 판야나무에서 옹기종기 살아가는 많은 동물들이 주위에 빙 둘러서서 자신을 바라보고 있었거든요. 정말 멋지고 진귀한 동물들까지 모두 다요!

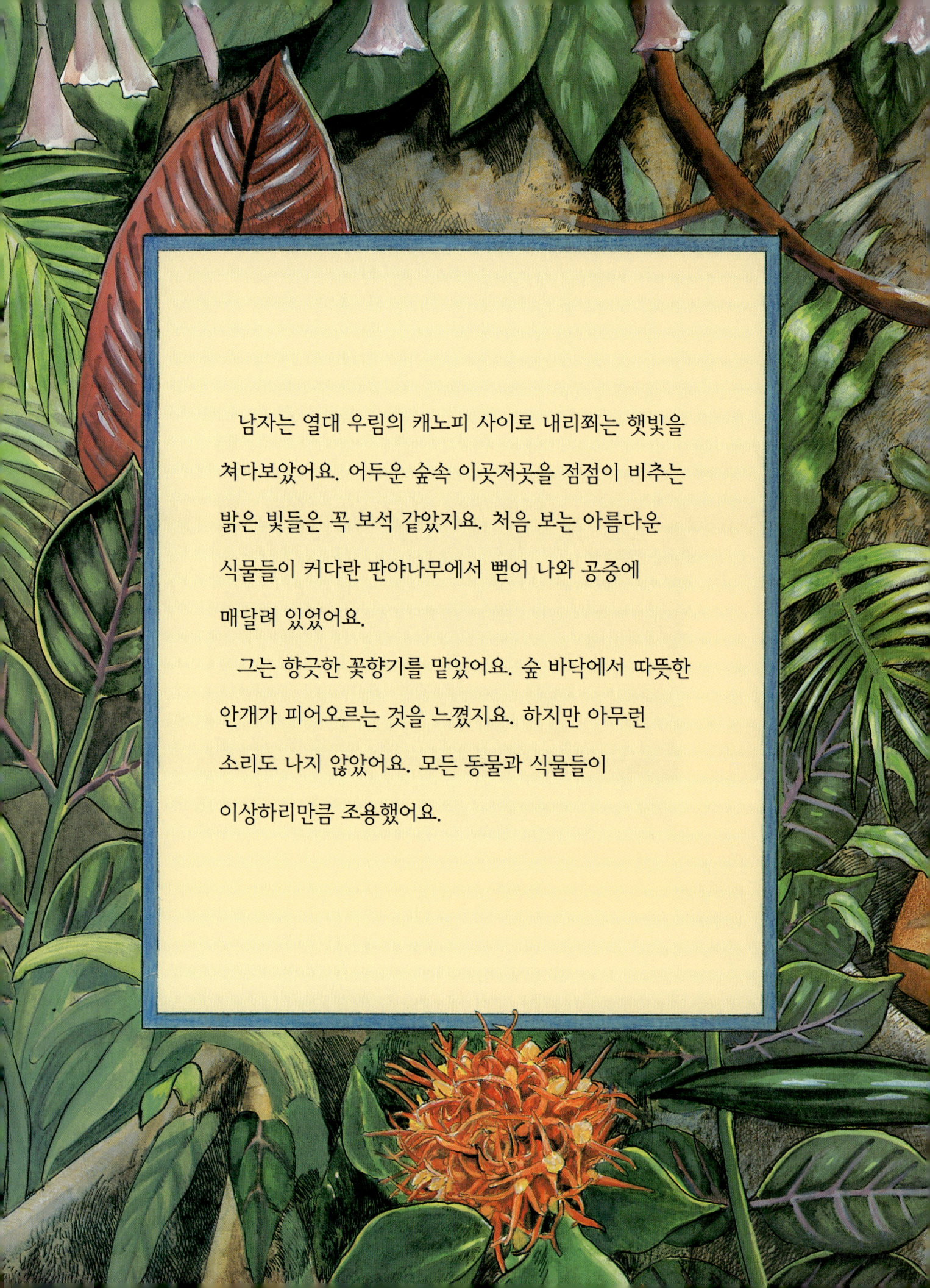

　남자는 열대 우림의 캐노피 사이로 내리쬐는 햇빛을
쳐다보았어요. 어두운 숲속 이곳저곳을 점점이 비추는
밝은 빛들은 꼭 보석 같았지요. 처음 보는 아름다운
식물들이 커다란 판야나무에서 뻗어 나와 공중에
매달려 있었어요.
　그는 향긋한 꽃향기를 맡았어요. 숲 바닥에서 따뜻한
안개가 피어오르는 것을 느꼈지요. 하지만 아무런
소리도 나지 않았어요. 모든 동물과 식물들이
이상하리만큼 조용했어요.

남자는 다시 도끼를 집어 들었어요. 나무를 내리칠 것처럼 팔을 휘휘 내둘렀지요. 그러다 갑자기 멈추었어요. 그는 휙 돌아서서 동물들과 아이를 가만히 바라보았어요.

남자는 망설였어요. 그러고는 도끼를 바닥에 떨어뜨리고 열대 우림을 걸어 나갔어요.

어린이 여러분에게,

　저는 아마존 열대 우림에 사는 동물들에게 일어나고 있는 일들과 열대 우림이 파괴되었을 때 우리 지구에 일어나게 될 일들을 전 세계에 알리기 위해 『아마존 열대 우림의 속삭임』을 펴냅니다. 이 책을 읽은 여러분이 열대 우림을 구하는 데 도움을 주기를 바랍니다.

　『아마존 열대 우림의 속삭임』은 아마존 숲에 대한 이야기입니다. 열대 우림에 대한 이야기지요. 하지만 우리가 살고 있는 이 지구에는 열대 우림과 함께 우리가 꼭 지켜 내야 할 온대 강우림도 있습니다. 미국 북서부 지역이 대표적인 온대 강우림 지역이지요.

　모두의 어머니인 지구를 지켜 주세요. 함께 힘을 모으면, 우리는 희망찬 미래를 만들 수 있을 거예요!

-린 체리